Hypnose ist eine äußerst wirksame Methode, Wahrnehmung zu verändern. Unser Bewusstsein bezieht sich bei allem, was wir sehen, hören, fühlen oder riechen, auf bereits erlebtes – ist ein Reiz neu, so wird er als solcher gespeichert. So bedeutet jeder Tag, jeder Moment unseres Lebens Veränderung durch Manipulation von außen. Hier muss das Wort „Manipulation" allerdings neutral gesehen werden. Werde ich in der Therapie oder im Alltag gefragt, ob ich gerade jemanden manipuliere, so ist die Antwort immer „Ja, genauso, wie du das mit mir auch gerade tust!" Vielen Klienten, aber auch Therapeuten, Psychologen und Ärzten ist das nicht oder nur unzureichend bewusst. Unser Referenzsystem „Unterbewusstsein" wächst in jeder Sekunde. Leider passieren dabei auch Fehler, die zu therapiebedürftigem Verhalten führen. Hier setzt die Hypnose als extrem wirksames Mittel ein.

Hypnose bedeutet Veränderung des Bezugsystems im Unterbewusstsein. Gespräche vor der Hypnose dürfen allerdings nicht als minder wirksam eingestuft werden. Jede Aussage, ob verbal oder nonverbal, kann beim Klienten als Suggestion sitzen und die Therapie günstig oder negativ beeinflussen.

Dieses Buch soll mit seinen Hypnosen Hilfestellung geben, wie an Problemen zu arbeiten ist. Hinweise zu den Wirkhypnosen ergänzen den Blick auf das jeweilige Problem. Das Buch richtet sich an bereits ausgebildete Therapeuten.

Die Hypnosen sind bildhaft hinterlegt, um deren Wirkung zu erhöhen. Es finden sich die hypnotischen Sprachmuster Ericksons wieder. Die Wirkhypnosen sollen, wenn auch nicht explizit immer genannt, auf den Klienten angepasst, erweitert oder gekürzt werden.

Inhalt:

| | | |
|---|---|---|
| 1. | Reise in den Tagtraum (Induktion) | 5 |
| 2. | Augenschluss-Fraktionierung (Induktion) | 11 |
| 3. | Die Wasserrutsche (Überraschungs-Induktion) | 18 |
| 4. | Wirkhypnose: Der Spiegel und der Ball | 24 |
| 5. | Wirkhypnose: Die Zaubermuschel (Stress) | 31 |
| 6. | Wirkhypnose: Das Boot (Schnarchen) | 36 |
| 7. | Wirkhypnose: Schnarchen des Partners/ unruhige Umgebung | 43 |
| 8. | Wirkhypnose: Im Park (Besser schlafen) | 50 |
| 9. | Wirkhypnose: Der Baum (Immunabwehr) | 59 |
| 10. | Wirkhypnose: Das Segelschiff (Zwanghafte Verhaltensweisen ablegen) | 64 |
| 11. | Wirkhypnose: Der Tropenwald (Allergien mildern) | 70 |

# 1. Reise in den Tagtraum (Induktion)

*In dieser Induktion werden die grundlegenden Gefühle, die teils im Mutterleib bereits verankert worden sind über die Symbolik des tragenden Wassers bedient. Dies führt noch schneller in die vertraute Gelassenheit und die tiefen Entspannung.*

Schließe deine Augen und freue dich auf die tiefe Entspannung, die du dich ganz einfach fallen lassen kannst, wenn du meinen Worten folgst. ... Spüre in deinen Körper, in jede Faser deines Seins und fühle, wo sich Verspannungen oder Unbequemlichkeiten noch versteckt haben könnten. ... Nimm dir die Ruhe und gebe dir die Zeit, die du brauchen könntest um die beginnende Entspannung fließen lassen zu können. Fließen, wie ein sanft anmutiger Strom, der dich auf einem weichen Floß durch die Weite eines tropischen Waldes trägt. Ein Floß, so weich, dass du die sanften Bewegungen und die Wärme des Wassers spüren kannst und so kannst auch du dich von meinen Worten und dieser Musik einfach davontreiben lassen, die letzten Verspannungen sich jetzt von alleine lösen lassen und einfach zu sein. Schaue nun unter deinen geschlossenen Augen nach oben und stelle dir das Dach dieses Tropenwaldes vor. (Augenbewegung beobachten) Vielleicht gibt es lustige Äffchen, die in den Wipfels von Baum zu Baum schwingen, das Rascheln der Blätter und die Rufe der Vögel, die deine Entspannung noch mehr vertiefen, wenn du möchtest, früher oder später tief entspannt zu sein und einfach nur zu genießen, während du tiefer entspannst. …

Die Abendsonne scheint durch das Blätterdach, das du durch deine geschlossenen Augen weiter betrachten kannst. Schau weiter nach oben – tief entspannt sich treiben lassen auf dem warmen Wasser, das dich sicher trägt. ...

Gedanken kommen und gehen, möglicherweise aus deinem Alltag und einfach nur so. ... Und du kannst sie in Gedanken auf die Schultern der Äffchen setzen, die sie mitnehmen und aufbewahren, für später, um dann ein anderes Mal zu Ende gedacht zu werden.

Jeder Moment kann so unendlich schön sein, wenn die Zeit gekommen ist, loszulassen, sich treiben zu lassen, den Flow zu genießen. Und so treibst du langsam immer weiter aus deinem Alltag in die sicheren Arme deiner Träume, geborgen und sorgenfrei. ... Und je tiefer du entspannst, umso tiefer gehst du und je tiefer du gehst, umso mehr entspannst du. ...

Fünf weiche Pflanzenstränge verbinden die Wipfel der Baumriesen mit den warmen Tiefen des Regenwaldes. Sie ragen fast bis auf die Wasseroberfläche und möglicherweise kannst du sie gleich fühlen, wenn sie dich noch tiefer in die Entspannung treiben – wenn du durch sie hindurchtreibst, sicher und geborgen, getragen auf deinem Floß. 1 Sanft streichelt das herabhängende Moos über deinen Körper und lässt vielleicht schon jetzt eine Welle der Entspannung über deinen Körper wandern. 2 Die fedrige Struktur der nächsten Liane scheint deine Entspannung zu verdoppeln ... Jetzt ... 3 Du weißt bereits, dass du bei der Zahl 5 so tief entspannt sein kannst, wie du es noch nicht für möglich gehalten hast. 4 Tiefe Entspannung, Loslassen, dahintreiben, träumen. Und 5 – vollkommene Entspannung. ...

Die Sonne neigt sich immer mehr dem Horizont und die Tiere in diesem traumhaften Wald legen sich langsam zu Ruhe, wie auch deine Gedanken genauso in diese tiefe Entspannung gehen können und werden, wie es dein Körper bereits getan hat. Fest verbunden und sicher gehalten von der Unterlage, auf der du dich befindest.

Lasse nun deine Gedanken los, wie du es tust in dem Moment, in dem du die Welt die Welt sein lässt und in den Schlaf gleitest, mit dem Wissen, dass die Gedanken verschwinden, um im Traum wieder zu erscheinen, noch prächtiger, noch realistischer, alles ist möglich. 5 So wie dein Körper bereits jetzt in diese tiefe

Entspannung driften konnte, 4 so kannst auch du, während ich 2 hinunterzähle in die Tiefe 1, deine Gedanken völlig auf 0 schalten 1 ... und 0.

Und tief und fest schläfst du einen ganz anderen Schlaf, der deinem Unbewussten die Möglichkeit schafft, zu lernen, Dinge zu regeln du dich so zum positiven zu verändern, wie es dir gut tut.

... Und so landet das Floß am Ufer einer Lichtung und verankert sich scheinbar selbst. Die letzten Vogelstimmen verstummen und auch du schaust müde noch einmal in den Himmel und beginnst zu träumen.

Hier folgt die Wirkhypnose

## 2. Augenschluss-Fraktionierung (Induktion)

*Über die sukzessive Unterbrechung der Tranceeinleitung durch das Öffnen der Augen wird die Trancetiefe mit jedem Mal noch verstärkt. Je nach Klient sollte die Anzahl der Unterbrechungen erhöht werden, ohne zu übertreiben. Es bietet sich auch an, diese Einleitung, gerne auch mit eigenen Worten auswendig zu können. Denn die Trancetiefe lässt sich mit dieser Einleitungstechnik sehr einfach und gut steuern.*

Atme langsam tief ein und aus. Erlaube deinem Körper, dich zu entspannen. Und auch wenn deine Gedanken schweifen, versuche dich nur auf meine Stimme zu konzentrieren und weiter zu entspannen. Lasse mit jedem Einatmen eine Welle der Entspannung durch deinem gesamten Körper gehen. Mit jedem

Ausatmen kannst du noch ein Stücken mehr loslassen. Jeden Stress und jede Anspannung einfach gehen lassen. Erlaube dir, einen Kreislauf aus Entspannung anlaufen zu lassen – wenn du einatmest, füllt sich dein Körper mit Entspannung, wenn du ausatmest, weht der ganze Stress und die Anspannung aus deinem Körper. Ein und aus – ein und aus, während sich alles immer wärmer und angenehmer anfühlt, friedlich und ruhig. Ein – und aus, tief und tiefer, eine angenehme Welle der Entspannung, die nach und nach immer tiefer und intensiver wird. Erlaube meiner Stimme dich hinein zu begleiten, in dieses gute Gefühl der absoluten Entspannung, in diesen ganz anderen Schlaf. Vielleicht fühlst du bereits, wie sich eine angenehme Schwere in deinem Körper breit macht, dein Kopf ist warm und schwer, deine Schultern und der Nacken – warm und schwer, dein Brustkorb und dein Bauch werden schwerer – die Wärme breitet sich aus in deine Beine, die Oberschenkel, die Unterschenkel sind warm und schwer – Dein ganzer Körper ist nun völlig entspannt.

Meine Stimme und jeder Takt dieser Melodie führen dich noch viel tiefer in diese Entspannung, mit jedem Takt, mit jedem Wort meiner Stimme gehst du tiefer und tiefer.

Ich möchte, dass du jetzt bei jedem Einatmen deine Augen öffnest und bei jedem Ausatmen wieder schließt. Bei jedem Öffnen wirst du früher oder später merken, dass die Lider schwerer und schwerer geworden sind. Öffnen jetzt deine Augen und schließe sie wieder bei jedem Ausatmen, bis sie so schwer geworden sind, dass es viel angenehmer ist, die geschlossen zu lassen …

Du kannst weiter loslassen und entspannen, mit jedem Ausatmen kannst du noch mehr entspannen – je mehr du entspannst, umso schwerer werden deine Augen, je schwere deine Augen werden, umso mehr entspannst du. Erlaube dir jetzt zu (schnipp) schlaf!

Tiefer und tiefer, verbindest du dich nun mit der Unterlage auf der du dich befindest, lässt vollkommen los – jeder Gedanke ist in Ordnung und zieh wie Blätter getragen vom Wind einfach an dir vorüber. Du bist vollkommen sicher und angenehm entspannt. Meine Stimme leitet und führt dich, jeder Takt dieser Melodie bringt dich noch tiefer in diese Entspannung. Und egal wie tief du gehen kannst und wie gut du dich fühlen kannst, du kannst immer noch tiefer gehen und dich noch besser fühlen. Immer wenn ich mit dem Finger schnippe und das Wort SCHLAF sage, kannst wieder zurückkommen in diese wunderbare Entspannung und sie noch verdoppeln. Immer wenn ich mit meinem Finger schnippe und das Wort SCHLAF sage, gehst du noch tiefer in diese Entspannung. Öffne bei drei deine Augen – 123 – Augen auf!  Nimm einen tiefen Atemzug und atme langsam aus und (Schnipp)SCHLAF, noch viel viel tiefer gehst du in diese Entspannung, diesen ganz anderen Schlaf, der so viel Gutes für dich bringen wird. Genieße diese Ruhe und Entspannung – tiefer und tiefer, ruhiger und angenehmer als du es dir jemals vorstellen konntest. Und jedes Mal, wenn du wieder in diese Entspannung gehst, kannst du sie noch schneller erreichen und noch viel viel tiefer werden lassen, jedes Mal, wenn ich mit meinem Finger schnippe und das Wort SCHLAF sage. Und egal wie tief du gehst, du kannst mit jedem Ausatmen noch ein Stück tiefer gehen, noch mehr Loslassen und entspannen.

Öffne bei drei deine Augen – 123 – Augen auf! und (Schnipp) SCHLAF, noch viel viel tiefer gehst du in diese Entspannung, diesen ganz anderen Schlaf, der so viel Gutes für dich bringen wird. Tiefer und tiefer als jemals zuvor. Alles um dich herum wird immer unwichtiger und du hörst nur noch meine Stimme und diese Melodie.

Ich werde nun von 10 bis 1 zählen und du kannst mit jeder Zahl deine Entspannung in deinem eigenen Tempo noch verdoppeln. 10 – 9- 8- 7- 6- 5- 4- 3- 2- 1 schlaf tief.

Folge meiner Stimme und entspanne. Es ist so einfach, meiner Stimme zu folgen und meine Worte tief in dein Unterbewusstsein sinken zu lassen – alles fühlt sich so gut an, du folgst meiner Stimme tiefer und tiefer in diese angenehm wunderbare Trance. Jedes Wort ist wahr und gut für dich, jedes Wort von mir wird ab sofort zu deiner inneren Realität.

Hier folgt die Wirkhypnose

## 3. Die Wasserrutsche
## (Überraschungs-Induktion)

*Diese Induktion sollte ab der 2. Sitzung angewendet werden. Die überraschende Stelle sollte vorher ggf. geübt werden. Bei richtigem Einsatz wirkt sie extrem vertiefend ...*

Schließe jetzt deine Augen. Setze oder lege dich so hin, wie dein Gefühl sagt, dass es richtig für dich ist. Es ist keine endgültige Position, denn du kannst sie jederzeit korrigieren, dich einkuscheln, einfach wohl fühlen.

Da du nun schon Erfahrung hast, wie gut es sich anfühlt, Trance zu erleben, weißt du auch, dass du vielleicht jetzt oder später merken wirst, wie du heute noch wesentlich tiefer entspannen kannst, loslassen, tief eintauchen in diese wunderbare Trance. Beobachte deinen Atem, wie er mit jedem Atemzug, immer mehr dem zu gleichen scheint, was du als Schlaf kennst.

Atme jetzt einmal tief ein ---- und aus und sinke noch tiefer, als du es jemals für möglich gehalten hast. Jeder Gedanke ist in Ordnung und fliegt wie ein Vogel frei am Himmel, einfach an dir vorüber.

Loslassen – tiefer gehen – Wärme ein wohliges Geräusch – meine Stimme und diese Musik - der Weg tief hinein in dein Selbst – in dein Reich der Fantasie.

Und so bitte ich dich, dir jetzt vorzustellen, oben auf eine Wasserrutsche zu stehen. Sie ist sehr hoch und doch fühlst du dich absolut wohl und sicher. In der Ferne kannst du das freudige Lachen anderer hören, die unten ankommen – weit weg und merkst du vielleicht jetzt schon, dass dies eine ganz besondere Rutsche ist. Es ist deine Rutsche – eine Rutsche ins Reich deiner Fantasie. Du kannst ganz genau wahrnehmen oder vielleicht stellst du es dir einfach vor, wie es wäre, wie es ist, das Wasser in deiner Lieblingsfarbe zu sehen, wie es sich fröhlich plätschernd tief hinunter ergießt - hinein in den Tunnel, dessen Ende du noch nicht erblicken kannst, der aber so viel Gutes und Schönes für dich bereit hält.

Vielleicht möchtest du testen, wie es ist, wenn du die Farbe einfach einmal umstellst. Und vielleicht geht das einfach so oder du nimmst einfach den Schalter, der irgendwo da ist. Stelle ihn jetzt so ein, dass das Wasser dich optimal trägt, in einer warmen wohligen Welle hintergleitet, und setze dich an die Startposition. Das Wasser umspült deine Beine

wohlig warm und du könntest ewig so sitzen –
aber vielleicht weißt du noch, wie viel Spaß es
macht, zu rutschen, wie das Schnipsen mit dem
Finger schon so viele andere in einen extrem
tiefen Zustand der Entspannung zurückgeführt
hat – einfach so, weil es gut ist so tief
entspannt zu sein? Oder dass man am Ziel
angekommen so vieles neues Erleben kann und
wird, dass es dir so gut tut – für jetzt und für
dein weiteres Leben. Und so kannst du jetzt
einfach loslassen und dich hineintreiben lassen,
vom Wasser sicher umspült fühlst du nun, wie
du nach und nach immer schneller tiefer und
tiefer rutschst und es, je schneller es wird umso
lustiger wird – immer mehr und mehr Spaß
macht und du dieses Gefühl größer werden
lassen kannst – jetzt. Lass es kreisen in deinem
Körper, sodass dieser Spaß sich mit jeder Kurve

immer mehr anreichert in dir. Links und rechts – und wieder links und rechts wirst du schneller und schneller tief hineingesunken in dein Reich der Fantasie. Vielleicht kannst du inzwischen den Fahrtwind spüren, und **da** siehst du eine grüne Katze !<u>überraschend machen: (SCHNIPP) SCHLAF</u> - tief loslassen – tiefer und noch tiefer gehst du mit jedem Atemzug gehst du noch tiefer hinein in deine Ruhe und Entspannung – du bist völlig sicher und geborgen und liegst nun auf einer weichen, warmen Wiese – die Sonne scheint und du könntest den ganzen Tag hier verbringen, so schön ist es hier. Du schlenderst ein wenig herum und entdeckst vielleicht die eine oder andere Stelle auf der Wiese, die dir besonders gut gefällt. Wenn du nach oben blickst, sind da die Wolken am tiefblauen Himmel, während du vielleicht die

Vögel zwitschern und das Rauschen der Bäume. Und so beschließt du, dich niederzusetzen, auf einen warmen, moosbedeckten Stein, den du vielleicht jetzt riechen kannst, und die Augen zu schließen, um zu träumen.


Hier folgt die Wirkhypnose

## 4. Wirkhypnose: Der Spiegel und der Ball

*Heilung, Angst, Schmerz und vieles Anderes*

*Mit dieser Wirkhypnose können Ängste, Krämpfe, Stress, Schmerz und vieles mehr bearbeitet werden. Es sollten die XXX durch das entsprechende Problem ersetzt werden.*

… und du findest dich an einem für dich angenehmen Ort in der Natur wieder. Nimm die Geräusche wahr, den Duft der frischen Luft und die angenehme Wärme der Sonne auf deiner Haut. Sieh dich um… Vor dir befindet sich zwischen zwei Bäumen ein magischer Spiegel. Du kannst dich darin sehen. Er ist in deiner Lieblingsfarbe gestrichen und blitzblank poliert.

Vielleicht nimmst du die leichten Bewegungen der seidenen Oberfläche war, wenn der warme Wind sanft über ihn streicht. Mit deiner Hand gleitest du sanft über die Oberfläche. In Wellen geworfen erscheint nach und nach eine Szene in deinem Leben, in der du dich absolut wohl gefühlt hast. Das Bild wird mit jedem Atemzug klarer und klarer. Du kannst alles so sehen, wie es damals war und der Wunsch, wieder in dieser Situation zu sein wächst in dir mehr und mehr.

Kurzerhand gehst du in Richtung Spiegel und stellst fest, dass diese wabbelige Oberfläche durchlässig ist und so steigst du in den magischen Spiegel hinein. Die Spiegelfläche gleitet sanft über deine Haut, während das wunderbar entspannte und schöne Gefühl in deinem Körper größer und größer wird. Wo kannst du es zuerst fühlen? Ich gebe dir einen kleinen Moment, das Gefühl, das sie vielleicht in Wärme oder einem angenehmen Kribbeln äußert, zu orten, zu genießen und größer werden zu lassen...

Stelle dir nun dieses Gefühl der Wärme und Entspannung, der Sicherheit und Geborgenheit als einen magischen Ball vor, der in fantastischen Farben funkelt. Vielleicht kannst du bereits jetzt die heilende Wirkung spüren, wenn dieser Ball seine Farben in die Richtung lenkt, die deine Seele und jede Stelle deines Körpers für die Heilung benötigt.

Während du mit jedem Ausatmen mehr und mehr entspannst, setzt sich dieser magische Ball langsam in deinem Körper in Bewegung. Er wandert ausgehend von der Stelle seiner

Entstehung nach und nach an alles Stellen in deinem Körper, die dauerhafte Entspannung in jeder Situation benötigen. Du brauchst nichts zu tun. Beobachte einfach dieses heilende Gefühl, wie es durch jede Faser deines Körpers, bis hinein in deine Seele wandert und eine Spur der entspannenden Heilung hinterlässt.

Ich lasse dir etwas Zeit, diesem Gefühl in deinem Körper zu folgen, zu beobachten und mehr und mehr zu entspannen.

...

Du weißt, dass du dein Problem als Symptom in deinem/r XXX (Hals, Brust, Beinen oder wo die Verkrampfung/ Schmerz sitzt) spüren kannst, wenn du dich darauf konzentrierst, aber du weißt auch, dass du diesen heilenden magischen Ball, der dir schon so viel Gutes gebracht hat, ganz bewusst steuern kannst.

Konzentriere dich nun auf dieses Gefühl der Enge/Schmerz, das in dir dieses Unwohlsein erzeugt und lasse jedoch gleichzeitig diesen Magischen Ball an genau die Stelle treten, wo du dieses unangenehme Gefühl bisher gehabt hast. Beobachte, wie sich das Farbspektrum des Balles verändert während er alles, was dich belastet hat, alles was sich an dieser Stelle gesammelt hat, in sich aufsaugt, wie ein Schwamm, alles was bisher dieses Unwohlsein in deinem XXX erzeugt hat, wird wie von einem Schwamm in den magischen Ball aufgesaugt. Beobachte und fühle, wie alles, was dich bisher belastet hat, einfach von dir abfällt und ein entspanntes Gefühl jetzt bereits deinen gesamten Körper erfüllt. Früher oder später wirst du es fühlen, während du weiter beobachtest, wie der magische Ball seine Farbe verändert, während er weiter alles Negative in sich aufsaugt.

...

Der magische Balls beginnt sich nun langsam zu drehen und wie durch ein Wunder nimmer er seine vorherige, funkelnde und strahlende Farbe wieder an. Mehr noch, er beginnt mehr und mehr von einem wunderbar farbigen heilenden Licht um sich herum auszusenden, dass sich in einer neuen, vorher nicht bekannten Entspannung in deinem/r XXX auswirkt.

Es ist dein neuer magischer Ball, der von nun an immer, wenn dieses unangenehme Gefühl aufzukommen droht, einfach wieder und wieder alles Negative, das jeder Mensch immer wieder erleben muss oder kann, in sich aufnimmt und in seinen Tiefen verschwinden lässt.

Jedes Mal, wenn du dich auf dieses Gefühl konzentrierst, wirst du nichts als Entspannung und Wohlgefühl in deinem/r XXX fühlen.

Jeder Gedanke, der um dieses alte Gefühl noch kreisen sollte, wird einfach vom magischen Ball in sich aufgenommen und für immer eingeschlossen. Der magische Ball verbleibt nun in deinem Körper an einer Stelle, die für dich angenehm ist und wird immer aktiv bleiben.

Ausleitung

## 5. Wirkhypnose: Die Zaubermuschel (Stress)

*Bei Stress und Überarbeitung bietet diese Hypnose einen Schutzraum (Muschel) der Ruhe und Geborgenheit vermittelt. So kann sich der Klient noch einfacher auf die Suggestionen einlassen und eine noch nachhaltigere Wirkung ist zu erwarten.*

…Du findest dich in einer großen Meeresmuschel wieder, in der du ausreichend Platz hast und sicher und geborgen sein kannst. Sie ist transparent und doch geschlossen, sodass kein Wasser ins Innere gelangen kann. Es gibt einen samtigen Sessel, der dich einlädt, mit der Muschel tief ins Meer einzutauchen. Uns so setzt du dich in den Sessel, lässt dich tief einsinken und tauchst tief ein ins Meer deiner Fantasie. Die samtigen Wände der

Zaubermuschel federn jede Bewegung, sodass du das Wiegen der Wellen früher oder später angenehm spüren kannst. Regenbogenfarbige Luftbläschen umspielen dein Gesicht und du kannst frische, reinigende Luft atmen. Bei jedem Atemzug spürst du, wie die kleinen Bläschen deine Lunge frischer und klarer werden kann, während du weiter entspannst. Deinen ganzen Körper durchströmt diese Frische und lässt die Leichtigkeit der Muschel in den Tiefen des Korallenriffs auf dich übertragen. Jedes Mal, wenn du wieder ausatmest, verlässt dich immer mehr von dem, was dich bisher belastet hat. Jede Last bei jedem Ausatmen wird dabei sofort von den dich umgebenden, leuchtend schillernden Muschelwänden aufgenommen und in leuchtendes Plankton verwandelt, dass langsam und sachte durch die

Muschelwand wandert und wie aus dem Nichts tauchen viele, kleine, bunte Fische auf, die das Plankton fressen. Wie schön das ist, vielleicht kannst du jetzt die Fische genauer sehen, wie sie immer wieder lustig an die Muschelwand stupsen. ... Lass dir Zeit und genieße ... Diese Bewegungen, die die Fische auf die Schale der Muschel ausüben wirkt sich in einer unglaublich heilenden Energie auf dich aus, die du jetzt an irgendeiner Stelle als Wärme oder Kribbeln fühlen kannst. Lass dieses Gefühl jetzt einfach zu, lass es mehr werden, sie ausbreiten, bis das mehr an Energie in dir kraftvoll und groß wird wie das Meer in dem du tauchst. Alle Alltagssorgen und Belastungen wandern mit jedem Ausatmen weiter aus dir in die Wände der Muschel, während du weiter den Anblick der Fische genießt, die dir so viel Gutes tun.

Unaufhörlich und in einer friedvollen Stille gleitet deine Zaubermuschel weiter durch das ruhige in Wellen bewegte Wasser und kannst die bunte Korallenwelt weiter betrachten, während du sanft über den Samt deines Sessels in der Muschelinnenschale streichst, und vielleicht noch ein wenig tiefer hineinsinkst – so ruhig und entspannt, sodass die Härte des Alltags nur noch wie eine kleine Luftblase vorkommst, die in den Weiten des Meeres nach und nach immer mehr verschwindet. Vielleicht merkst du jetzt bereits schon, wie heilsam deine Reise in der Muschel ist. Und so beschließt du, noch ein wenig weiter zu reisen, bis du noch mehr Kraft und Energie getankt hast. Vielleicht nimmst du auch gerade wahr, wie viel Gutes dir diese Auszeit in der Tiefe des Meeres bringt, einfach zu sein, einfach zu treiben in den Wellen des Meeres. Ich gebe dir nun ein wenig Zeit, deine Reise weiter fortzusetzen und deine Ruhe und Entspannung zu genießen … 3 Min. Pause

Aber nun hast du genug geruht, und es ist Zeit, langsam wieder aufzutauchen ins die reale Welt, in der du ab sofort weniger Stress und Sorgen haben wirst. Du musst dich nur erinnern, an deine Reise in deiner Zaubermuschel

Ausleitung

## 6. Wirkhypnose: Das Boot (Schnarchen)

*Schnarchen ist in unserer Gesellschaft ein weit verbreitetes Problem. In den meisten Fällen ist es notwendig, dauerhaft abzunehmen. Damit verschwindet oft auch das Schnarchen nachhaltig. Ein anderer Weg ist diese Hypnose, die im Rahmen eines Abnehmcoachings oder wenn der Klient direkt mit diesem Problem kommt, eine schnelle Linderung verspricht. Die Hypnose nutzt den natürlichen Bewegungsreflex im Schlaf aus, verknüpft diesen jedoch mit dem Schnarchen als Auslöser für diesen Reflex.*

Langsam hebt und senkt sich der Boden des auf dem Meer langsam treibenden Boot, das mit seinen silbrig glänzenden Segeln die letzten Strahlen der Abendsonne einzufangen scheint. So wie der Boden des Schiffes, getrieben durch das sanfte Wogen des Meeres sich hebt und senkt, so hebt und senkt sich auch dein Brustkorb langsam und gleichmäßig, lässt nach und nach den Tag, das Licht verblassen, um dich in die umschmeichelnde Nacht entgleiten zu lassen. Tief entspannt liegst du und kannst in deiner Erinnerung zurückgehen, in deinen Tiefschlaf, der angenehm die Ruhe, Kraft und Energie für den nächsten Tag in dir aufsteigen lässt. Ein – und aus -, auf – und ab, in deinem Tempo diesen tiefen Zustand zu erreichen, den du bereits schon so gut kennst. ... Ich gebe dir nun einen Moment Zeit, aktiv in diese Entspannung zurückzukehren. (30 Sek.)

Du weißt bereits, dass das Knarzen der Planken auf dem Boot, wie auch das Schnarchen in der Nacht, deinen Schlaf, dein wohlverdientes Regenerieren stören mag. Und möglicherweise hast du selbst schon erfahren, wie gut es tut, die Tiefe deine Ruhe wiederzufinden, wenn du dich nachts, bewusst oder unbewusst in deiner Lage verändert hast. Weißt du es noch? So, wie der Boden des Bootes auf dem du den Schlaf in den sanften Wogen des Meeres verbringst, dich wiegen lassen kannst, sich von ganz alleine deine Schlafposition hebt und senkt, ohne dass du es mitbekommst noch tiefer in die Ruhe gewiegt zu werden, so kannst auch du in Zukunft deine Lage im Bett ganz einfach verändern, wenn dein Unterbewusstsein, dein Freund auf der anderen Seite, der auch im Schlaf sicher über dich wacht, das erste Schnarchen aus deinem Mund vernimmt. Du kannst sicher sein, dass dein Freund auf der anderen Seite nur das Beste für dich will, und so kannst du entspannt weiterschlafen und deinen Schlaf sogar noch vertiefen, wenn dein Unterbewusstsein dein Lage im Bett etwas verändert, sodass das Schnarchen dem sanften Hauch des Windes weicht, der streichelnd über die tiefblaue Wasseroberfläche gleitet. Vielleicht spürst du bereits, wie dein Körper wie ganz von alleine angehoben wird und sich senkt, verändert und doch gleich bleibt, während du noch tiefer in diese wunderbare Entspannung gleitest.

Wie schön wäre es, wenn du ab sofort die gesamte Nacht in dieser Ruhe verbringen könntest. Und du brauchst noch nicht einmal etwas zu tun. Dein Freund auf der anderen Seite erledigt das für dich. Immer wenn das erste Schnarchen zu hören ist, wird er wie von alleine, deinen Körper im Bett umlagern, sodass das Schnarchen verstummt.

Und du kannst es jetzt bereits ausprobieren. Lassen wir das Schiff auf dessen Boden du bereits jetzt schon so viel Gutes für dich lernen durftest, auf dem dein Unterbewusstsein, dein Freund auf der anderen Seite gezeigt bekommen hat, wie einfach es sein kann, von nun an wieder tief und gesund zu schlafen, nun weit voraus in die Zukunft gleiten, in der du dich nun selbst von oben in deinem Bett, im Schlaf beobachten kannst. Nimm den Raum wahr, den Duft der Bettdecke und das sanft kitzelnde Gefühl, im Bett zu liegen und zu entspannen. Sieh ich selbst, wie du, angeregt durch deine tiefe Entspannung zu schnarchen beginnst, nimm jedoch wahr, wie dein Freund auf der anderen Seite gelernt hat, dich mit sanft unsichtbarer Hand in deinem Bett umzulagern, ohne deinen Schlaf zu beeinträchtigen. Im

Gegenteil. Dein Schlaf vertieft sich um das 10-Fache, jedes Mal, wenn dein Unterbewusstsein, die Gesundheit deines Schlafes durch noch mehr Ruhe und noch mehr gleichmäßigen Atem jedes Mal verbessern kann.

Und du weißt bereits – ab sofort wirst du deinen Körper, ausgelöst vom ersten Schnarchen wie von alleine umlagern – du wirst die Tiefe deines Schlafs noch verdoppeln, immer wenn du dich im Bett bewegst.

Und so gleitet das Boot zurück in die Gegenwart, das Glitzern der Segel ist dem vom Mond beschienenen Weiß gewichen, während du nun dein Unterbewusstsein, deinen Freund auf der anderen Seite dabei beobachten kannst, wie er sich diese Suggestionen noch tiefer eingeprägt hat.

Er hat bereits gelernt, dass jedes Schnarchen eine Umlagerung in deinem Bett auslöst. Er hat bereits gelernt, dass du mit jeder Umlagerung die Tiefe deines Schlafes nochmals vertiefen kannst und wirst. Und er hat alles so verinnerlicht, weil er weiß, dass es das Beste für dich ist, schnarchfrei die Energie und die Kraft zurückzuholen, die du so dringend brauchst.

## Ausleitung

## 7. Wirkhypnose: Schnarchen des Partners/ unruhige Umgebung

*Ruhe und Gelassenheit werden in dieser Hypnose neu erlernt und durch eine Regression wieder aufgerufen. Die Bilder unterstützen die Sicherheit und Geborgenheit im Schlaf, auch wenn Unruhe im Raum ist.*

... und so findest du dich auf einem Lotusblatt wieder, das auf einem tropischen See, fest verankert im Boden scheinbar auf der Wasseroberfläche zu schweben scheint. Eingerollt, und geborgen kannst du vielleicht jetzt schon diese Verbindung mit der Erde fühlen, die für eine tiefe Ruhe in deiner Seele sorgen kann. Loslassen, sich treiben lassen, einfach zu sein. Wie leicht ist dir das gefallen, damals, als du noch kleiner warst und abends nach dem Spielen dich in deine Bettdecke gekuschelt und dich hineingerollt hast – dieses Gefühl von Sicherheit und Geborgenheit, dass dich damals schon getragen hat, und es auch heute noch tut. Nur hast du es vielleicht vergessen gehabt. ... Fühle nun ganz bewusst die Unterlage, die dich trägt, die dich mitnimmt in einen tropischen Traum. Die Geräusche, an diesem See, der mit seinem angenehm feucht, warmen Duft dieses unglaubliche Gefühl nach tiefer Ruhe in deinem Herzen erzeugt. Nimm dieses Gefühl nun ganz bewusst in deiner Herzgegend wahr. Welche Farbe hat es und welche geometrische Form? Lass es sich immer weiter ausdehnen und nimm dabei wahr, wie dein Körper dabei immer unwichtiger und unwichtiger wird, und meine Stimme, dieser

Lotus dich trägt, sicher und geborgen. Leicht und doch so stark. Und vielleicht merkst du bereits, wie dich dies Stimmen der Tiere an diesem See immer weiter in das Reich deiner Träume entführen, immer tiefer und tiefer, bist du schließlich vollkommen entspannt bist. Und ich weiß nicht, ob es das sanfte auf- und ab der Stimmen ist, das mit dem stimmigen auf und ab zu stimmen scheint, dass dir der Lotus vermittelt, in stimmiger Weise Stimmen am See erklingen zu lassen, die dich tiefer und tiefer entspannen und auf dieses ab, das du im Schlaf durch die Stimmen stimmig tiefer zu fühlen scheinst immer weiter und weiter, tiefer und tiefer entspannen lässt, während die Tiefe stimmt oder übereinstimmt mit den Geräuschen, die immer unwichtiger und unwichtiger werden und ab sofort deinen Schlaf noch tiefer werden lassen. Auf- gehoben und ab jetzt nur noch als Mittel zu stimmigen guten Stimmung dienen, deinen Schlaf noch zu vertiefen. Tiefer und tiefer. Jedes Nacht wirst du durch Geräusche im Raum noch tiefer schlafen können, egal ob rhythmisch oder nicht, du bist sicher und geborgen auf deinem Lotusblatt, verbunden mit der Erde, getragen vom Wasser, das alle Geräusche so weit schluckt, dass du einfach sein kannst. Einfach sein und schlafen, wie du es dir schon so lange gewünscht hast. Dankbar, mit anderen auf der Welt zu sein, die du hören kannst, am Tag, am Abend und in der Nacht. Die dir nutzen und dienen – deine Entspannung zu fördern, deinen Schlaf zu vertiefen. Fühle nun diese Dankbarkeit in dir… 1 Min Pause …

Langsam hat sich eine schützende Hülle um das Lotusblatt gebildet und schließt dich sicher ein. Es ist eine große Seifenblase, die du in ihren schillernden Farben bewundern kannst. Ein sanfter Windhauch trägt sie nach oben und durch ihre schillernden Regenbogenfarben kannst du den See mit seinen Geräuschen von oben sehen. Immer mehr Abstand gewinnst du, während die Seifenblase sicher vom Wind in die Vergangenheit getragen wird, weit zurück in deine Vergangenheit. ... Möglicherweise kannst du bereits jetzt spüren, wie du immer jünger und jünger wirst, immer kleiner und kleiner. Lass es zu, in tief in die Vergangenheit zu tauchen, als du noch ein Baby warst, sicher umhüllt von deiner Seifenblase bist du ganz klein und geborgen, zusammengerollt in deinem Bettchen und vielleicht kennst du dieses sichere Gefühl – da ist jemand, der sich kümmert, Geräusche vom irgendetwas, das Mama und

Papa tun, da sein, sicher sein und wie von Zauberhand in den Schlaf gesprochen, gesungen oder geklappert zu werden. Wie wichtig ist es dich als kleiner Mensch, dass da jemand ist, der sich kümmert, der da ist und den man hört. Fühle jetzt irgendwo in deinem Körper diese Sicherheit, diese unendliche Geborgenheit, die dir diese Geräusche geben. …. Und speichere diese Geborgenheit ganz tief in deinem Unterbewusstsein.

Wir nehmen es einfach mit, denn du weißt bereits, dass es dir gut tut, von diesen Geräuschen getragen zu werden, wie der Windhauch, der deine Seifenblase wieder sicher hoch in die Luft trägt. Vielleicht kannst du den Spaß, die Freude und Erleichterung fühlen, die diese Reise dir schon auf dem Hinweg gemacht hat. Lass dich sicher treiben  - zurück auf dein

Lotusblatt, in deinem See der Nacht, tief verankert im Boden, auf deiner Wasserfläche der Seele die dich sicher trägt.

Genieße noch eine Weile dieses angenehme Gefühl. ... 1 Min ...

## Ausleitung

## 8. Wirkhypnose: Im Park (Besser schlafen)

*Bei Schlafstörungen kann diese Hypnose Linderung verschaffen. Die Ursachen der Schlafstörung sollen aber weiter erforscht werden.*

Und so führe ich dich in einen Park, der voll ist mit wunderbaren Wiesen. Die Blumen duften und vielleicht kannst du diese frische Luft auf deiner Haut spüren. Vereinzelt kann man einen Vogel im Baum sein fröhliches Lied hören. Dieser Park ist so wunderbar und so beschließt du, ein Stück durch den Park zu gehen. Ein leises Rauschen, von dem du noch nicht weißt, ob es das Rauschen den Blätter ist oder das Rauschen eines Wasserslaufs, zieht dich magisch an. Du schlenderst ein wenig weiter und kannst mehr oder weniger stark den

Kiesweg unter deinen Fußsohlen spüren. Schilder weisen den Weg, wohin du auch immer willst. Der Bachlauf plätschert sanft und schlängelt sich wie von alleine hinunter in einen kleinen Hohlraum, in dem er für immer zu verschwinden scheint. Obwohl es so aussieht, kannst du ganz sicher sein, dass er nach einiger Zeit wieder auftaucht. Und du lässt es einfach geschehen, vielleicht folgst du dem Weg mit ein wenig mehr Spannung und Lust, herauszufinden, wo dieser Bach das morgendliche Tageslicht wieder erblickt. Moose und Gräser bedecken ihn sicher und lassen ihn beschützt den Hang hinuntergleiten. Während dein Geist frisch und wach ist, kann dein Körper weiter tief entspannt dem Weg folgen, der so viel Gutes für dich bringen kann und wird. An einer Wiese im Park kannst du das Plätschern wieder hören. Du bist ein ganzes Stück gegangen, ohne zu wissen, was in dieser Zeit mit dem Wasser passiert ist. Genauso fröhlich und durch die kühle Dunkelheit erfrischt tritt er nun wieder zu Tage, ergießt sich freudig und voller Energie hinein in die Parklandschaft, der er so viel an Kraft und Leben bringt. Vielleicht bist du dich noch nicht so ganz sicher, dass er wirklich noch wesentlich frischer geworden ist, und so neigst du dich tief hinunter und tauchst deine Hände in das kühle Nass. Fühle und genieße das feuchte, frische Gefühl, das deine Hände umschmeichelt.

Neben dem Fluss gibt es eine Bank, die mit ihrem warmen Holz dazu einlädt, sich ein wenig hinzulegen. Und so kannst du noch ein wenig entspannen – nach oben sehen und den Wölkchen folgen, die langsam über den Himmel ziehen. Und wie von alleine schließt du langsam die Augen, lässt einfach alles um dich herum zurück und begibst dich in dein ganz persönliches Reich – das Reich deiner Träume. Wie ein Fluss, der unsichtbar unter einem Wald voller starker Bäume verläuft, die mit ihren Kronen allem darunter liegenden Schutz bieten, kannst du das, was noch in dir schwelt einfach darunter zurücklassen, liegen lassen mit dem Wissen, dass du selbst, getragen vom Fluss des Lebens am anderen Ende frisch und gereinigt wieder zu Tage trittst. Und so träumst du den wunderbarsten Traum, den du seit langem hattest. Vom Urlaub oder einfach einer schönen Situation, die du einmal erleben durftest (1 Min Pause)

Langsam und gemütlich wachst du wieder auf und merkst früher oder später, dass es sich irgendwie besser anfühlt, so ausgeschlafen, frisch und erholt, während in dir früher oder später die Sicherheit entstehen kann, dass du ab sofort immer gut schlafen kannst, weil du weißt, dass du sicher und beschützt alles, was dich bisher daran gehindert hat, richtig gut zu schlafen, einfach losgelassen hast, um dich treiben zu lassen, zu genießen, zu schlafen ...

Du gehst noch ein Stück durch den Park und beobachtest jetzt alles vielleicht noch ein wenig genauer. Der Wind raschelt in den Bäumen, die mit ihren verschiedenen Grüntönen einen Rahmen um die Blumenwiesen bilden, die sich sanft im leichten, warmen Wind wiegen. An einer starken Eiche zieht dich etwas magisch an. Es scheint keine normale Eiche zu sein, denn sie funkelt besonders hell in der Sonne. An ihrer Rinde hängt ein Zettel, der etwas vom Wetter mitgenommen aussieht. Trotzdem kannst du noch lesen, was jemand geschrieben hat.

Motivation zur Entspannung: Atme tief ein und balle deine Fäuste. Halte die Luft an und lasse dann los. Fühle, wie die Entspannung in dir weiter steigt und wiederhole, wenn du es brauchst.

Dieser Zettel bewegt so viel in dir und während du noch überlegst, wie diese Botschaft zu verstehen ist und wer sie geschrieben hat, breitet sich immer mehr das Wissen aus, dass dies der bester Weg ist, immer und überall sofort Entspannung zu haben, einschlafen zu können und tiefer durchzuschlafen. Ab sofort kannst du automatisch besser schlafen, denn du weißt, dass du nur tief einatmen musst, die Fäuste ballen und dann alles zu entspannen, um sofort einzuschlafen.

So wie der Bach dem Schlaf den sicheren Weg in den Morgen weißt und das Morgen, den Bach im Schlaf begrüßt, hat das Sein, Zeit sich zu erholen mit der Frische des Baches dem zeitlosen eine Weg zu bereiten, um dem tiefen Schlaf den Weg zu zeigen, zu fließen wo Ängste um das Stehenbleiben entstehen könnten zu weiteren tiefen Erlebnissen zu werden, um morgens den Tag mit dem Erwachen aus dem Austreten aus der Dunkelheit in den Tag erfrischt und kraftvoll zu erleben. Jede Nacht kannst du ab sofort durchschlafen, dein Unterbewusstsein wird deinen Schlaf so vertiefen, dass du frisch und erholt morgens aufwachen kannst. Alles was dich an einem tiefen, durchgehenden Schlaf hindert wird von deinem Unterbewusstsein so reguliert, dass du am nächsten Morgen frisch und erholt die Dinge tun kannst, die zu tun sind. Genieße das Wissen, dass du ab sofort wieder gut schlafen kannst. Dein Unterbewusstsein wird sich daran erinnern, wie entspannt du jetzt gerade bist, und wie gut es dir tut, Kraft sammeln zu können indem du tief schläfst und dein Unterbewusstsein Zeit bekommt, alles verarbeiten zu können, was du tagsüber erlebt hast.

Du schläfst tief und fest, hörst nur noch meine Stimme und diese Melodie – und schlenderst weiter durch den Park. Früher oder später wirst du dieses Lächeln auf deinem Gesicht bemerken. Ist es wegen dieser wunderbaren Parklandschaft oder vielleicht doch deswegen, weil du bereits weißt, dass du deinem Ziel nun um so vieles näher gekommen bist. Entspanne und genieße noch ein wenig die Parklandschaft, bis du schließlich in deinem

Tempo zurückkehren kannst, in das hier und jetzt...

## Ausleitung

## 9. Wirkhypnose: Der Baum (Immunabwehr)

*Geeignet für Klienten, die an einer Immunschwäche – temporär oder chronisch leiden. Ziel ist es hier, die Selbstheilung anzustoßen.*

*Eine homöopathische Erstverschlechterung ist möglich, da der Körper in einen Heilprozess eintritt. Bitte dies dem Klienten mitteilen.*

… während du weiter träumst, kannst du vielleicht ein sanftes Klingen in der Ferne wahrnehmen, weich wie kleine Goldblätter, die leicht vom Wind bewegt, aneinanderstoßen. Alles ist ein fantastisches Licht getaucht. aquarellfarbenes Lila und Blautöne, durchdrungen von weißen Strahlen. Die warme, feuchte Luft umströmt deinen Körper und vielleicht kannst du auch diese weißen kleinen Lichtpunkte in der Luft wahrnehmen, die sich frei schwebend in der Höhe Vergnügen. Die Situation löst früher oder später eine tiefe Ruhe in dir aus, eine Ruhe, die du so noch nicht erlebt hast. Wie von alleine fängst du an, in eine unbestimmte Richtung zu laufen, aber du weißt vielleicht schon, dass es genau die Richtung ist, die du dir immer schon gewünscht hast. Es ist dein Weg der Gesundung und Stärkung. Jeder Schritt auf dem weichen Boden federt so wunderbar leicht ab und erzeugt eine Leichtigkeit, die du vielleicht schon seit Jahren nicht mehr fühlen durftest. Vor dir erstreckt sich nun ein Tal, aus wunderbaren Farben, das nur aus einem riesigen Feld besteht. Knapp in der Mitte steht ein einziger, fantastisch anmutender Baum, den aus weißem Licht zu bestehen scheint. Er hat keine Blätter, sondern die Äste wachsen stark nach oben und neigen sich dann wieder wie weiße Fäden auf den Boden. Dieser Baum zieht dich magisch an und so beschließt du, dorthin zu gehen. Wie von alleine legst du dich unter diesen Baum und schließt die Augen. Von magischen Kräften berührt, kannst du nun die Stellen fühlen, an denen deine Probleme liegen, die deine Gesundung verhindern. Das mögen körperliche Probleme sein oder im Immunsystem oder aber auch nur tief in deiner Seele. Manche fühlst du stärker, manche schwächer. Ganz egal. Denn die weißen Lichtpunkte, die du vorhin noch bewundert hast, bewegen sich nun zu den Stellen, die deine Heilung und Gesundung fördern. Legen sich sanft auf deine Haut, durchdringen dich bis ins Innerste und suchen die schwarzen Stellen, die die Heilung benötigen. Immer mehr von diesen Punkten dringen in dich ein und sammeln sich an den Stellen, die geheilt werden müssen. Früher oder später kannst du eine wohlig warme Wärme an den Stellen spüren, an denen die Heilung stattfindet. Vielleicht wirst du dieses warme Gefühl nur jetzt spüren. Vielleicht aber auch Tage, Wochen oder Monate, solange, wie dein Körper eben braucht, wieder gesund zu sein. Die herabhängenden Äste des fantastischen Baumes legen sich an deine Haut und du kannst sehen, wie in Ihnen kleine schwarze Punkte nach oben steigen. Alles, was dein Immunsystem belastet hat, steigt langsam und in pumpenden Bewegungen nach oben. Du kannst dieses wohlig, warme Gefühl spüren, während deine Probleme deinen Körper für immer verlassen und ersetzt werden, durch diese kleinen Lichtpunkte, die von nun an für immer deinen Körper wieder so für dich arbeiten lassen, wie du es brauchst, um gesund zu sein. Ich lasse deinem Körper jetzt noch etwas Zeit, um weiter zu heilen und werde dann wieder mit dir sprechen... (3-5 Minuten Pause)

Gestärkt und mit neuer Kraft erhebst du dich und eine unendliche Dankbarkeit formt sich in deiner Seele. Mit einem wohlwollenden Lächeln streichst du an den sanften Fäden dieses Baumes entlang und betrachtest von weitem noch einmal diese Situation.

Langsam machst du dich auf den Weg zurück, mit dem Wissen, dass du dich nun endlich in dem Heilungsprozess befindest, den du dir immer schon gewünscht hast.

Ausleitung

## 10. Wirkhypnose: Das Segelschiff
   (Zwanghafte Verhaltensweisen ablegen)

*Geeignet für Klienten, die unterstützt werden sollen, eine bestimmte Verhaltensweise abzulegen. Das Verhalten kann über einen Zeitraum getestet werden. Weitere Handlungsschritte sind möglich.*

Während du so entspannt liegst, nehme ich dich mit auf ein wunderschönes Segelschiff. Es hat ein weißes Segel, in dem sich das Licht der Sonne fängt. Der Wind, der deine Haare umspielt bläht es auf und treibt es voran, während du einfach dieses freie Gefühl genießt, vom Wind mitgenommen zu werden. Hin und wieder klatschen Wellen an die Bordwand und vielleicht kannst du die eine oder andere Bewegung, die das Schiff auf seiner Fahrt macht, spüren. Die Sonne scheint warm auf deine Haut und lässt dich noch viel tiefer entspannen.

Alle deine Sorgen und Nöte treten in den Hintergrund, obwohl du aus deiner Erfahrung weißt, dass sie noch immer bei dir sind. In der Ferne siehst du eine Palmeninsel, die dich einlädt, einfach ein wenig durch den weißen Sand zu schlendern. So nimmt das Schiff Kurs auf diese Insel und landet mit einem Rauschen im weichen Sand. Der wunderbare Strand wird gesäumt von einem Palmenwald. Einige Palmen neigen sich in Richtung Wasser. Berührt der eine oder andere Palmwedel sogar die Wasseroberfläche?

Jeden Schritt kannst du warum unter deinen Füßen fühlen. Wie der Sand leicht nachgibt und deine Füße umschmeichelt, während der eine oder andere Tierlaut aus den Palmen deine

Aufmerksamkeit erregt. Du läufst langsam und überglücklich über den Strand und genießt das Rauschen der Brandung in den Wellen. Du entscheidest, wohin dich der Weg führt und was du als nächstes machst. Und so kannst du dir vielleicht vorstellen, das zu tun, was du gerne machen möchtest, dich frei zu entscheiden. Und so nimmst du einen kleinen Pfad, der in Richtung Palmenwald führt. Am Rand entdeckst du eine Kiste. Das ist eine ganz besondere Kiste, eine Kiste, die du vielleicht aus dem einen oder anderen Kinderbuch kennst. Es ist eine Piraten-Schatzkiste. Auf der Kiste ist ein altes, verwittertes Plakat, auf dem geschrieben steht, dass alles, was man hineintut, sicher und für immer verschlossen aufbewahrt wird. Das interessiert dich und erregt deine Aufmerksamkeit. Vielleicht hast du bereits bemerkt, dass sich der Wunsch in dir, diese Kiste zu öffnen, immer mehr geformt hat. Und so tust du es einfach. Mit einem Knarzen bewegen sich die alten Scharniere und langsam kannst du hineinsehen. Drinnen ist es etwas dunkel und trotzdem kannst du darin eine Kristallkugel entdecken. Bei näherem Hinsehen bemerkst du, dass diese leuchtende Kugel ganz besonders ist. Wenn du die Augen schärfst, kannst du sehen, wie du das, was du immer im Alltag tun musst, gerade wieder tust. Wie fühlt es sich an? Was beobachtest du? Hat es einen Sinn? ... (30 Sek. Pause)

Weiter unten in der Kiste findest du ein kleines Büchlein, das gerade etwas größer ist, als deine Handfläche. Nachdem du den Staub weggepustet hast, kannst du den Titel erkennen: Anleitung zum Glücklich sein!

Entschlossen öffnest du das Buch und entdeckst, dass es nur ein Kapitel hat. Es ist dein Kapitel mit der Überschrift: Wie es auch gehen könnte.

Und so liest du in diesem Kapitel und entdeckst wie von selbst, was du tun kannst, um in Zukunft das, was du früher tun musstest, jetzt anders zu machen und trotzdem dein Ziel, dein Leben besser gestalten zu können. Ich gebe dir nun etwas Zeit, diesen Weg zu entdecken. Das mag bewusst passieren, sodass du es merkst oder dein Unterbewusstsein macht das mit sich selbst aus. Fühle, wie sich während dieser Zeit das neue Gefühl der Freiheit, ohne diese Verhaltensweise leben zu können, in dir größer wird. Lass es zu und entdecke, wie es ist, einfach den Alltag zu gestalten, ohne dieses

Verhalten weiter beizubehalten. Ich gebe dir nun etwas Zeit (2 Min. Pause)

Mit einem Gefühl der Freude und Leichtigkeit schließt du die Kiste wieder, legst aber zuvor die Kugel, in der dein altes Verhalten gespeichert ist, hinein. Das Büchlein mit der Lösung deines Problems, nimmst du mit auf das Schiff, um es zu Hause an einen Ort zu stellen, der dir besonders wichtig ist.

Meine einer sanften Bewegung legt das Schiff ab. Du greifst das Steuer und entscheidest, wohin es geht. Die Segel nehmen Fahrt auf während du glücklich und zufrieden deinem Ziel entgegensegelst mit dem Wissen, dass du ab sofort wieder die Kontrolle über dein Leben hast.

Ausleitung

## 11. Wirkhypnose: Der Tropenwald
### (Allergien mildern)

*Geeignet für Klienten, die unter Allergiesymptomen leiden. Die Folge der Hypnose ist eine Entspannung und Stärkung des Immunsystems.*

*Eine Induktion muss nicht unbedingt gemacht werden. Der Klient fällt bei entsprechender Sprechweise auch so in Trance (Integrative Induktion)*

Stell dir vor, wie es wäre, wenn du, einfach so, hineintauchen könntest, in den tropischen Regenwald, mit seinen vielen verschiedenen Pflanzen, die ein Meer aus grünen Farben komponieren, gemischt, mit den Lichtstrahlen, die hin und wieder durch die vom Wind bewegten Palmblätter blitzen. Tief im Dickicht sieht man hin und wieder lustige Tiere spielen, um Baumstämme kreisen und im Nichts verschwinden. Die feuchte, warme Luft lässt dich entspannt ein- und ausatmen, während du immer weiter und tiefer in diesen ganz besonderen Wald vordringst. Hinter Millionen von Blättern, die von einem Insektenschwarm umworben werden, kannst du vielleicht jetzt schon das Rauschen eines kleinen Waldbaches hören, das deinen Weg hinab begleitet in die tiefe Stille des Waldes. War das eine Horde Gorillas, die schreiend über deinem Kopf vorüber gesprungen ist? Nur ein paar Blätter fallen herunter und lassen dich immer tiefer eintauchen in deinen Dschungeltraum.

Und du atmest frei und tief ein und aus, nimmst vielleicht früher jetzt schon den Duft der Urwaldpflanzen ganz intensiv wahr. Lass dir einen Moment – genieße dieses wunderbare

Gefühl hier zu sein und einfach dem bunten Treiben aus Pflanzen und Tier zu folgen.

Mag es sein, dass du hier bereits als du eingetreten bist in diesen Urwald, alle Sorgen und Probleme des Alltags draußen gelassen hast? Hier ist deine Zeit, deine Ruhe und Kraft, die du jetzt größer werden lassen kannst, wie die Baumriesen, die deinen Weg säumen.

Große Pollen unbekannter Pflanzen fliegen vorüber, groß und in deiner Lieblingsfarbe. Sie streifen vorüber, manche berühren dich sanft, während du sie entspannt beobachten kannst, ihren Flug, getragen vom Wind, tief in den Urwald und du bist dir vielleicht schon vorher bewusst geworden, dass es auch noch Millionen kleiner, unsichtbarer, jedoch ganz anderer Pollen gibt, die deinen Weg begleiten. Und du wunderst dich, denn du atmest weiter freie und reine Luft, wie du es bisher nicht gekannt hast, während du beschwingt und munter an Lianen vorbei kommst, die stark und kräftig ihren Weg von den Baumriesen tief hinunter zu dir bahnen. Und irgendetwas zieht dich zurück – es zieht dich zurück an den Platz, an dem der Bach sich mit dem Lichtspiel der Palmblätter zu vereinen scheint. Es scheint jemand dort unten auf dich zu warten – und so schaust du genauer hin. Gehst ein paar Schritte hin und her, um deinem Ziel näher zu kommen.

Bei genauerer Betrachtung siehst du, dass es nur ein komisch geformter Stein, bewachsen mit Moos ist. Du hast ihn verwechselt. Und es ist völlig egal, denn alles in diesem Wald ist so wunderbar und friedlich. Und jetzt fällt dir auf, dass es Schimpansen waren und keine Orang-Utans. Verwechslungen passieren. So wie früher, als du das mit Absicht gemacht hast – ein Spiel daraus gemacht hast, die Dinge anders zu sehen. Da war der Holzstock ein Schwert, ein Pappkarton ein Schiff, ein Seil in der Sporthalle eine Liane im Urwald oder vielleicht Opas Mantel ein Zaubercape. Der Sportunterricht, der immer besser war, wenn er in der Halle stattgefunden hat. Dort wo man allergiegeplagt angekommen ist, mit diesen Symptomen. Und dann wurde es sofort besser und man hat sich hin und hergeschwungen an den Lianen, die an der Turnhallendecke mit riesigen Haken eingebracht waren. Und so beschließt du, ein wenig hin und herzuschwingen, atmest den Wind und das Rauschen der Bäume. Und je mehr du schwingst umso entspannter wirst du und je entspannter du wirst, umso mehr kannst du hin und hergleiten frei und mit dem frischen Wind in deiner Nase.

Du wurdest aufgefangen, von dem Seil, dass dir so viel an Sicherheit bringt. Und der Fels, der dir Halt bietet, während du wieder Fuß fasst und die ersten Schritte nach oben wagst, während tief unter die das Meer die brandenden Wellen zurückzuziehen scheint. Die Gischt verteilt sich in der Luft und bildet diese Meeresbrise, die der Nase und der Seele so gut tut – weißt du noch? Und je weiter du den Felsen erklimmst, diese steile Klippe im tiefblauen Meer, desto mehr wird dir bewusst, wie frei alles in dir ist. Du fühlst dich richtig gut. Nimm noch einige Atemzüge dieser frischen Luft und genieße, hier und von nun an allergiefrei zu sein...

Oben am Felsen angekommen erstreckt sich das weite Meer wie ein tiefblauer Teppich unter dir und du kannst entspannt die frische und reine Luft genießen, obwohl du weißt, dass sie mit Millionen kleiner Salzteilchen angereichert ist. Salzteilchen, die wie Sterne funkeln und du einfach schwerelos dahingleitest, sicher beschützt vor allem, was dich belasten möchte in deiner Raumkapsel. Wie vollgestopft sie ist - mit vielen Knöpfen und Schaltern und die Beschriftung ist irgendwie so eigenartig. Da gibt es Schalter wie Virus und Keim oder Infekt. Und langsam aber sicher wird dich bewusst, dass du in einer Kapsel durch dein Immunsystem reist. Du kannst hier alles regulieren, du sitzt am Schaltpult. In einer Vertiefung gibt es einen Monitor, der dir alle Informationen liefert. Und du kannst sehen, was dir gut tut, und was schlecht ist, ist jedoch nicht immer schlecht, denn, wenn schlechtes zu gutem wird kann dies alles Gute noch verbessern. Gut ist, was nicht schlecht ist und schlechtes kann seine Berechtigung haben, denn es kann auch sein gutes haben, schlechtes zu erkennen und zu beheben. Was du gutes tust, kann gut oder auch schlecht sein, denn das gute bleibt nicht immer gut und das schlechte nicht immer schlecht. Das was dir gut tut ist diese Meeresbrise mit den Salzpartikeln und so wirst du ab sofort jede Polle, die in deinen Körper dringt, als Salzpartikel in dieser angenehmen Meeresbrise wahrnehmen. Und alle Symptome, die du bisher gepflegt hast, bleiben aus. Jede Polle, die in deinem Körper bisher verwechselt wurde, wird jetzt wieder richtig als Salzpartikel in einer tosenden Meeresbrise gesehen, die deine Nase befreit und deinen Körper wieder richtig arbeiten lässt. Du bist allergiefrei überall auf diesem Felsen und blickst hinunter auf das weite Meer, das dir schon so viel Gutes gebracht hat.

Und so prüfst überzeugst du dich von der Sicherheit deines Seiles, und beginnst dich einfach wieder hinunter gleiten zu lassen. Tiefer und tiefer in deine angenehme Entspannung. Es ist, wie wenn du den anderen beim Schwingen an den Seilen zusehen kannst, auf der langen Bank in der Halle – einfach mal Pause machst – leicht und frei, so wie du es dir immer gewünscht hast. Und die Brise in deiner Nase lassen dich noch einmal zurückdenken, an das Meer aus tausend Blättern, die sich sanft im Wind bewegen, der Bachlauf, den du nun einfach wieder hinauf gehen kannst und du atmest tief ein und beobachtest noch ein paar Pollen, an denen du dich ab sofort freuen kannst, denn du bist allergiefrei. Jede pollengeschwängerte Luft wird ab sofort von deinem Immunsystem als eine frische Meeresbrise wahrgenommen, die du tief in dich einatmen kannst, während deine Nase frei ist und dein Körper optimal für dich arbeitet. Und diese Lichter, die durch die vom Wind bewegten Palmblätter aufblitzen. Um nach und nach, mehr und mehr in deinem Tempo wieder anzukommen in deiner allergiefreien Zukunft.

Für Anregungen bin ich immer dankbar!

Besuchen Sie mich auch auf meiner Homepage

www.musik-zur-hypnotherapie.de

Herstellung und Verlag:
BoD - Books on Demand, Norderstedt
ISBN 978-3-7431-7568-6